ハイサワー®

炭酸レシピ83《ハイサワー》

株

修

亜紀書房

はじめに

ハイサワーは、たっぷりの炭酸に果汁を入れたお酒などを割るためのノンアルコール飲料です。お酒とハイサワーさえあれば、本格的なサワーが手軽にできます。自分の好きな味を、好きな濃さでつくることができるので、お酒の強いかたも苦手なかたもみんなで楽しめます。

もちろん、オレンジジュースやトマトジュースなどのジュースと割れば、ぴちぴちの炭酸がきいた爽やかなノンアルコールドリンクになります。

ハイサワーは炭酸＋果汁のノンアルコール飲料です

博水社の365日レシピ

飲食店や居酒屋には「裏メニュー」や「賄いメシ」があります。居酒屋のご主人たちは「こんなサワーが飲みたい」というお客さんの要望にこたえたり、常連さんのその日の気分や体調にあわせてハイサワーでお酒などを上手に割ったサワーやドリンクを考案しています。それが「これ美味しい！」とお店の定番メニューになることもしばしばとか。そんな現場の声を博水社の営業マンが会社に持ち帰り、社員みんなで試作・試飲して生まれたのが「博水社の365日レシピ」です。

本書ではそのなかから、ノンアルコール・カロリーオフのヘルシードリンク、デザート、料理、そしてハイサワーと相性抜群のいろいろなお酒で割るレシピを、83厳選しました。

毎日の暮らしのさまざまな時間に、しゅわしゅわ〜っと爽やかなハイサワーをぜひお楽しみください。

目次

第3章
お酒と割るレシピ

第4章
夏の泡泡レシピ

第5章 デザートレシピ

第6章 居酒屋生まれのレシピ

【炭酸レシピについて】

●材料表記は
1カップ＝200ml(200cc)、
大さじ1＝15ml(15cc)、
小さじ1＝5ml(5cc)です。
●基本的に割合で表記しています。
例：ハイサワー3、焼酎1
●飾りに使用した材料は
明記していないものもあります。

【アイコンについて】

レシピにあうお薦めのハイサワー商品。
そしてアルコールが含まれていないものには
「ノンアルコール飲料」の表記をしています。

- ハイサワー レモン
- ハイサワーハイッピー レモンビアテイスト
- ハイサワー グレープフルーツ
- ハイサワーハイッピー ゼロビアテイスト
- ハイサワー 青リンゴ
- ハイホップ シャルドネビアテイスト
- ハイサワー うめ
- ハイホップ レモンビアテイスト
- ハイサワー ライム
- わるなら 赤しそ
- ノンアルコール 飲料

ハイサワー®の由来

昭和のころ、ほとんどのバーや居酒屋には日本酒とウイスキー、ビールしかなかった時代。二代目社長は、ほとんど飲まれていなかった焼酎を美味しく飲めないかと試行錯誤。

ついに、日本初の焼酎を割るためのレモンと炭酸の割り用飲料が誕生。

その名も「ハイサワー」。

社長自らが、わが輩のつくったサワーの意味をこめて「輩《ハイ》サワー」と名づけました。以来、いろいろなお酒と割られるようになりました。

ハイサワーのこだわり

1

イタリアシチリア産レモン「真んなか搾り」最高品質のレモン果汁

ハイサワーのレモン果汁は、レモンの産地として世界的に有名なイタリア・シチリア島で収穫されたものを使っています。しかも、イタリアの果汁メーカーが完全受注生産をしており、レモンの契約農家から直接仕入れているので、原料収穫地域・収穫時期などの情報追跡が可能となる「トレーサビリティ」が確立された安全なレモンです。

通常のレモン果汁は果実を皮ごと押しつぶして搾汁しますが、ハイサワーに使用される果汁は、ひとつひとつレモンを半分にカットして、果肉の真んなかの美味しい部分だけを搾ります。まさにテーブルで生レモンを搾るときと同じように、半分に切った実の中心を搾るイメージです。

その果肉の真んなかの最も良い部分からだけ搾った最初の一搾りを「ファーストラン」と呼び、その後の二次搾汁のものを「セカンドラン」と呼びます。なんと、ハイサワーのレモン果汁は果肉の真んなかだけ約30％を搾る「ファーストラン」のみを使用しているので、皮の苦味やえぐ味のまったく無い、レモン本来の風味を味わっていただけます。

ハイサワーのこだわり

2

強炭酸

お酒を割るための炭酸飲料であるハイサワーは、グラスのお酒を最後まできりっと美味しく飲んでいただけるように、強めの炭酸をいっぱい入れた「強炭酸」が特長です。

たっぷりの炭酸を溶けこますために、製造工程のなかで水温に注力します。炭酸のガスの強さは、お酒の味を引き立たせるハイサワーをつくるための大切なこだわりです。

ハイサワーのこだわり

3

隠し味

お酒を割ってより美味しく飲めるように、「ハイサワーレモン」には隠し味にごく少量の白ワインを使用し、コクとうま味を引きだしています。含まれるワインはごく微量のためアルコール度数は1%未満。日本ではアルコール度数1%未満の飲料は清涼飲料水と定義されています。

ハイサワーのこだわり

4

安心安全の工場で生産

博水社では主要商品の多くを、高いレベルの品質管理技術を持つHACCP（ハセップ）の承認を受けた工場で生産しています。

ハセップとは、Hazard Analysis Critical Control Point (HACCP)。食品原料の受け入れから製造・出荷まですべての工程において、危害の発生を防止するための重要ポイントを継続的に監視・記録する衛生管理手法（厚生労働省HPより）をさします。

博水社創業以来、守り伝えられているのは「他人さまの口に入るものには責任がある」ということ。「安心安全なハイサワー」はお酒の割り用飲料メーカーとしての博水社ならではのこだわりです。

第1章

ノンアルコールレシピ

シュワシュワ〜ッと爽やかで、果汁たっぷりのハイサワー。
ジュースや果物を加えれば、朝の目覚めの1杯に、
スポーツやお風呂のあとの1杯にぴったり。
「週に1日くらいはお酒を控えたい」というかたには、
「美味しい休肝日」のレシピとしてもお薦めです。

さっぱりリンゴ酢サワー

健康によいお酢系ドリンク
毎朝1杯で、生活習慣病の予防に

ハイサワーレモン……4
リンゴ酢……1

★氷を入れたグラスの1/5程度にリンゴ酢を加えます。ハイサワーレモンを注げば、すっきり爽やかな健康ドリンクが完成。

社員のひとこと

お酢って体にいいけどなかなか……。ハイサワーで割ると、とても飲みやすくなりますよ。

Memo

リンゴ酢はカリウムを豊富に含んでいるので、高血圧予防、整腸作用、疲労快復などに効果があります。

ハイサワーレモン……1
コーラ……1

★グラスに氷を入れたら、ハイサワーレモンとコーラを半々に注ぎます。レモンを浮かべてもOK！

いつものコーラに
ハイサワーレモンをちょい足し！

レモンコーラ

社員のひとこと

コーラ好きの人にお薦めです！ウイスキーを足せばレモンフレーバーのコークハイに。

レモン&ザクロソーダ

ザクロの甘さとレモンの酸っぱさ
しあわせ気分のドリンク

ハイサワーレモン……1
ザクロジュース……1

★氷を入れたグラス半分にザクロジュースを加え、同量のハイサワーレモンを注ぎます。

社員のひとこと

毎日飲むお気に入りのジュースをハイサワーで割ってみませんか? きっと新鮮な発見が。

ハイサワーうめを加えて
ひと味ちがうミルクセーキに

バナナセーキサワー

ハイサワーうめ……60cc
牛乳……60cc
バナナ……1/2本
砂糖……小さじ2

★バナナ、牛乳、砂糖をミキサーにかけ、グラスに注ぎます。ハイサワーうめを加えてよく混ぜたらできあがり。

社員のひとこと

いつものバナナセーキにハイサワーうめをプラスすると、びっくりするほどコクがでます。

ハイサワーレモン……1
ゆず茶……1

★グラスにゆず茶を入れて、同量のハイサワーレモンを注いでかき混ぜます。お好みで氷を浮かべて。

社員のひとこと

本来ホットで楽しむゆず茶。ハイサワーレモンで割ると、ほどよい甘さの夏のドリンクに。

韓国のお茶にハイサワーレモン
しゅわしゅわ〜がいい感じ！

ゆず茶輩

Memo

砂糖やハチミツにゆずを漬け込んだゆず茶はビタミンCやコラーゲンがたっぷり。1年中飲みたいお茶です。

ジンジャーライム

甘さ控えめなおとなのカクテル「美味しい休肝日」の1杯

ハイサワーライム……1
ジンジャーエール……1

★グラスに氷を入れ、グラス半分までジンジャーエールを注ぎます。同量のハイサワーライムを加えたら、泡泡カクテルのできあがり。

社員のひとこと

ハイサワーとジンジャーエールは、よ～く冷やしておいてくださいね。ライムが爽やか！

オレンジ&レモン&グレープフルーツ
しゅわしゅわ感を満喫

柑橘たっぷりサワー

ハイサワーレモン……1
ハイサワーグレープフルーツ……1
オレンジ……1/2個
ショウガ……お好みの量
酢……大さじ1
ハチミツ……大さじ1

★酢とハチミツをよく混ぜて、すりおろしたショウガを加えます。オレンジをきゅっと搾ったら、同量のハイサワーレモン&グレープフルーツを注ぎます。

社員のひとこと

ハイサワーのダブル使い。疲れがたまったなぁと思ったらクエン酸たっぷりのドリンクを。

昨夜はちょっと飲み過ぎ?!
そんな朝にぴったりの1杯

ダイコン&リンゴサワー

ハイサワーレモン……グラス1杯
ダイコン&リンゴ……同量

★同量のダイコンとリンゴをミキサーにかけます。グラスに入れて、ハイサワーレモンを注げば、胃にやさしいドリンクのできあがり。

社員のひとこと

ダイコンの辛みが苦手というかたは、リンゴを多めで。すっきり爽やかな飲み心地です。

ハイッピービアとトマトジュースで
「美味しい休肝日」に乾杯！

ハイッピーアイ

社員のひとこと

ホップのほろ苦さに、レモンとトマトの爽やかさ！　きっと、はまってしまう味です。

ハイサワーハイッピー
レモンビアテイスト……2
トマトジュース……1

★氷を入れたグラスの1/3までトマトジュースを入れます。ビアテイストのハイッピーレモンビアを注いで軽く混ぜれば、口あたりのいいドリンクの完成。

江戸時代、甘いお酒として
みりんは女性に人気でした

みりんサワー

社員のひとこと

本みりんの芳醇な香りとコクが、爽やかなうめの甘味とマッチ！　しっとり飲みたい1杯。

ハイサワーうめ……4
本みりん……1

★グラス1/5量の本みりんを入れ、ハイサワーうめを注ぎます。氷を浮かべてできあがり。

Memo
本みりんは蒸したもち米と米こうじに焼酎を加え熟成させて、搾ったもの。調味料に使われる以前は飲み物でした。

温かいハイサワーレモンで
午後のティータイム

アップルレモンティー

社員のひとこと

ハイサワーを温める？
と驚かれたかも。温めるとさらにレモンが引き立ち、炭酸は微炭酸に。

ハイサワーレモン
……ティーカップ1杯
紅茶のティーバッグ……1個
リンゴ＆ハチミツ……お好みの量

★カップに薄く切ったハチミツ漬けのリンゴとティーバッグを入れ、温めたハイサワーを注ぎます。ハイサワーを鍋で温めるときは、沸騰直前で火を止めるのがポイント。

ハイサワーレモン……2
濃いめにいれた緑茶……1

★グラス1/3に入れた緑茶にハイサワーレモンを注いで、氷を浮かべます。甘みを足せば、アジアンリゾート気分に。

レモンフレーバーの
冷たい緑茶は新発見の味わい

緑茶サワー

社員のひとこと

お抹茶をたててハイサワーレモンと氷を加えてもOK！東南アジアでは甘いお茶が人気とか。

濃厚なマンゴージュースと
ハイサワーレモン！ 爽やかな飲み物です

マンゴーサワー

社員のひとこと

女子に人気のマンゴージュース。ハイサワーをプラスすれば、美味しさがより増します。

ハイサワーレモン……1
100%マンゴージュース……1

★グラス半分にマンゴージュースを入れ、同量のハイサワーレモンを注ぎます。お好みで氷をどうぞ。

Memo

βカロテンたっぷりのマンゴーは、細胞の老化を抑える抗酸化作用があります。美肌効果やがん予防にも。

ハイサワーレモン……グラス1杯
アボカド……1/2個
ラズベリー……お好みの量

★アボカドは、なめらかになるようにつぶしておきます。グラスにラズベリーとアボカドを入れたら、ハイサワーレモンを注ぎます。

アボカド&ラズベリーで
飲むというより食べるドリンク

アボカドサワー

社員のひとこと

健康を気づかうひとが注目している果物2種をレモン風味で。ベリー類は、お好きなものを。

Memo

「森のバター」といわれるアボカド。この脂肪分に血液をサラサラにしコレステロールを減らす作用があります。

COLUMN 1

炭酸パワー

美容にも健康にも、幅広い効能があるといわれている炭酸。炭酸系飲料のみならず、炭酸入りの化粧品や入浴剤なども人気です。ここでは、炭酸系飲料の効果をお話しします。

疲労回復・デトックス効果

炭酸には、二酸化炭素が含まれています。体のなかに吸収されると、血中に二酸化炭素が取り入れられます。血中の二酸化炭素濃度が高くなると、酸素の濃度を上げようとして体内の血流量が増加し、血行がよくなります。また血中の老廃物を押し流すので、疲労回復にも効果が期待できます。

また、炭酸は胃腸などの消化器官の働きを活発にするので、便秘や熱中症などの予防、食欲増進などにも効果があるといわれています。

炭酸を暮らしのなかで上手に取り入れて、すこやかな毎日を！

第2章

ヘルシー＆カロリーオフレシピ

デトックスやダイエットにも効果があるといわれている炭酸。ショウガやトマトなどの野菜、メロンやキウイなどの果物にハイサワーをプラスすれば、美味しいヘルシードリンクになります。青汁や豆乳やお酢も、はじける炭酸でさらにパワーアップの飲みものに。

> **社員のひとこと**
> 免疫力を高めることで注目されているショウガ。レモンと甘いサクランボで元気になれます。

爽やかレモンにショウガをきかせて
しゃっきり元気になる1杯

ヘルシーハイサワー

Memo
ショウガの辛み成分には血液の循環をよくし新陳代謝を活発にする働きがあり、食欲増進や疲労回復に有効です。

ハイサワーレモン……グラス1杯
ショウガの搾り汁……大さじ1
ハチミツ……大さじ2
レモンの搾り汁……大さじ1
サクランボ……2個
レモンスライス……1枚

★グラスにショウガとレモンの搾り汁を入れ、ハチミツを加えてよく混ぜます。ハイサワーレモンを注ぎ、トッピングには、サクランボとレモンスライスを。

しゅわしゅわ炭酸で快適な目覚めを
忙しい朝はこれで決まり！

おめざサワー

ハイサワーレモン……グラス1杯
メロン&オレンジ……同量

★同量のメロンとオレンジをミキサーにかけます。グラスに移し、ハイサワーレモンを注げばできあがり。

社員のひとこと

メロンとオレンジの上品な甘さで、フレッシュなドリンクに。朝食にぴったりの1杯です。

Memo

メロンのカリウム含有量は果物のなかでも抜群。高血圧や動脈硬化の予防、利尿作用やむくみ解消にも効果あり。

健康ドリンクとハイサワーレモン
元気はつらつ間違いなしです

健康ドリンクレモン

社員のひとこと

いつもお飲みの健康ドリンク、栄養ドリンクとハイサワーのコラボで、最強のドリンクに！

ハイサワーレモン……1
健康ドリンク……1

★氷の入ったグラスに同量のハイサワーレモンと、お好みの健康ドリンクを注ぎます。

キ・ウイヨーグルト

キウイの甘酸っぱさとヨーグルトの酸味
さらにレモンでスッキリ

ハイサワーレモン……1
プレーンヨーグルト……1
キウイ……1/2～1個

★グラスに細かく切ったキウイ、ヨーグルトの順に入れ、ハイサワーレモンを注げば完成。

社員のひとこと

お子さまのおやつには、砂糖やハチミツで甘みを足してお召し上がりください。

Memo

キウイは食物繊維を多く含むので便秘改善に有効です。ビタミンCもたっぷりなので美容効果も抜群。

社員のひとこと

見た目もユニークなこのドリンク。キュウリ、しそ、レモンのハーモニーが絶品です。

キュウリとしそですっきり！
肉料理にも魚料理にも相性抜群のドリンク

つぶつぶ梅しそハイサワー

ハイサワーレモン……グラス1杯
わるなら赤しそ……大さじ1
キュウリ（すりおろしたもの）
……小さじ1
梅干し……1個

★グラスに梅干しとキュウリのすりおろしを入れ、「わるなら赤しそ」を加えます。ハイサワーレモンを注いだら、よくかき混ぜてできあがり。

ビール好きなひとのダイエットドリンクに最適

ハイッピー黒酢

ハイサワーハイッピー
レモンビアテイスト……グラス1杯
黒酢……大さじ1

★氷の入ったグラスに黒酢を加え、ハイサワーハイッピーを注ぎます。

社員のひとこと

ハイサワーハイッピーはカロリーオフ&プリン体ゼロ。飲みにくい黒酢もこれで美味しく。

Memo

アミノ酸、ビタミン、ミネラルなどの栄養素がたっぷり含まれている黒酢は、ダイエット効果も期待できます。

青リンゴミルク

甘酸っぱい青リンゴと
しゅわしゅわミルクは青春の味

ハイサワー青リンゴ……2
牛乳……1
ママレード……大さじ1

★グラスにママレードを入れ、牛乳を加えます。倍量のハイサワー青リンゴを注いだら、かき混ぜてできあがり。

社員のひとこと

ジャムはイチゴなどお好きなものを。甘いのが苦手なかたはジャムなしでお試しください。

元気がでるサワー

たっぷりのニンジン＆リンゴ
炭酸の力でさらにパワーアップ

ハイサワーグレープフルーツ
……グラス１杯
リンゴ＆ニンジン……同量

★同量のリンゴとニンジンをミキサーにかけます。氷の入ったグラスに移したら、ハイサワーグレープフルーツを注ぎます。

社員のひとこと

ニンジンはなかなかたくさん食べられないけれど、これならたっぷり摂取できますね！

Memo

βカロテンの含有量の多いニンジンは免疫力を高め、高血圧症などにも有効です。ぜひ毎日摂る習慣を。

社員のひとこと

プリン体・カロリー・糖質・アルコールすべてゼロのハイッピーで、ヘルシーなドリンクを。

大豆は毎日摂りたい食材のひとつ
飲んで美味しいドリンクがお薦め

豆乳ッピー

Memo

大豆を搾っておからを取り除いた豆乳は、良質なタンパク質と脂質に富み、消化吸収のよい飲み物です。

ハイサワーハイッピーゼロビアテイスト……2
豆乳……1

★グラスに豆乳を入れ、倍量のハイッピーゼロビアを注ぎます。お好みで氷を浮かべて。

ハイサワーライム……1
青汁……1

★グラスに氷と青汁を入れ、同量のハイサワーライムを注ぎます。

炭酸とライムの香りで
青汁が飲みやすく

青汁サワー

社員のひとこと

体にいいとわかっていても青汁の味はちょっと苦手というかたにも、美味しく飲めます。

コク・うまもろみ酢サワー

つんとくる酸味が少ないお酢は
ドリンクにぴったり

ハイサワーうめ……4
もろみ酢……1

★氷の入ったグラスの1/5くらいまで、もろみ酢を入れます。ハイサワーうめを注いだらヘルシードリンクの完成。

社員のひとこと

天然のアミノ酸やクエン酸が豊富に含まれたもろみ酢。疲れた日の朝や夜にぜひお試しを。

Memo

もろみ酢は泡盛の酒粕を搾り、アルコール分を抜いてつくるお酢。ダイエットや美肌にも効果があります。

ハイサワー青リンゴ……グラス１杯
リンゴ（すりおろしたもの）
……1/2個

★グラスにすりおろしたリンゴを入れ、ハイサワー青リンゴを注ぎます。ダブルのリンゴ味が楽しめるヘルシードリンクのできあがり。

社員のひとこと

甘さが控えめなので、朝食時のドリンクとしても美味しくいただけます。

すりおろしたリンゴの
シャリシャリ感が美味しい

すりおろしW青リンゴ

スポーツドリンク輩

汗をかいたスポーツ後の水分補給に最適

ハイサワーライム
粉末スポーツドリンク

★スポーツドリンクの粉末を、適量のハイサワーライムを加えて溶かします。もちろん氷を入れてもOK！

社員のひとこと

炭酸ガスは筋肉の疲労を和らげる力があるといわれています。スポーツ後の1杯にぜひ！

Memo

レモンやライムなどの柑橘類に含まれるクエン酸は、筋肉中に蓄積された乳酸の分解を助け疲労回復を促します。

社員のひとこと

トマトジュースが苦手なお子さまも美味しく飲めるトマトジュースのハイサワー割り♪

トマトジュースにひと味プラス
手間なしの爽やかドリンク

健康トマトサワー

Memo

トマトに含まれるリコピンは、抗酸化作用が強くアンチエイジングにぴったり。新陳代謝を高め脂肪燃焼効果も。

ハイサワーレモン……2
トマトジュース……1

★氷の入ったグラスにトマトジュースを入れ、倍量のハイサワーレモンを注ぎます。

COLUMN 2

基本の割りかた黄金比

{ スタンダード }

焼酎・ウイスキーなどのお酒　ハイサワー

1：3

{ ライトに飲むなら }

お酒　ハイサワー

1：5

{ 今日は強めに…なら }

お酒　ハイサワー

1：1

ハイサワーの量を変えれば、お酒の濃さも自由自在に！その日の気分や体調にあわせて、お楽しみください。

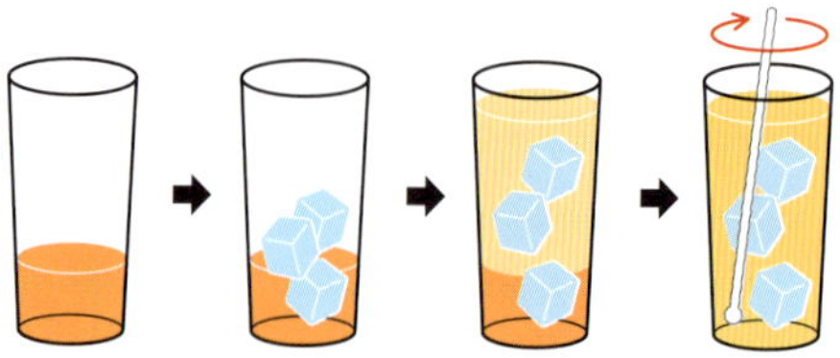

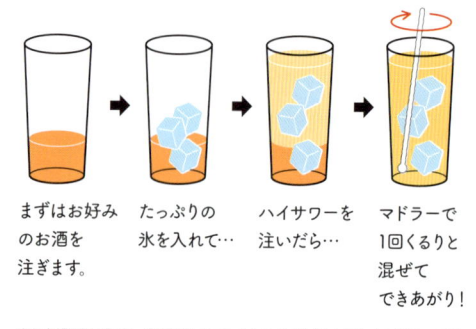

まずはお好みのお酒を注ぎます。 → たっぷりの氷を入れて… → ハイサワーを注いだら… → マドラーで1回くるりと混ぜてできあがり！

※かき混ぜすぎると、炭酸がとんでしまうので、軽くひと回しするだけでOK！

第3章
お酒と割るレシピ

あなたが選んだお酒をより美味しくするのが、
ハイサワーの信条。ピチピチの強炭酸で割れば、
今宵も陽気に杯がすすみます。焼酎はもちろん日本酒や
泡盛、そしてワインなどさまざまな洋酒とも相性抜群。
好きな濃さでお酒が飲めるのも魅力です。

＊スタンダードな黄金比

ハイサワーレモン……3

焼酎……1

★グラスに焼酎を入れ、たっぷりの氷を加えます。ハイサワーレモンを注いだら、マドラーでくるりと混ぜてできあがり。

社員のひとこと

ハイサワーは焼酎との相性が抜群です。とくに麦・米・甲類焼酎と割るのがお薦めです。

定番のレモンサワー

30年以上変わらない美味しさ！

王道！ハイサワー

社員のひとこと

お好みでグレナデンシロップを垂らすと、ほんのり甘い女子に人気のカクテルになります

モヒートをハイサワーでアレンジ
強炭酸レモンでパンチのきいた1杯に

ハイサワーモヒート

＊スタンダードな黄金比

ハイサワーレモン……3
ホワイトラム……1
ライム……1/3個
ミントの葉……10枚

グラスにミントの葉を入れて軽くすりつぶします。ホワイトラムとハイサワーレモンを注ぎ、小さくカットしたライムを加えて、軽くかきまわせば完成。

ハイサワーうめ……4
ウイスキー……1
★氷の入ったグラスにウイスキーを注ぎ、ハイサワーうめを加えたら、軽くまぜてできあがり。

社員のひとこと
某番組でハイサワー割り大会をしたとき、一番人気のあった飲みかたです。予想を超える旨さなので、お試しを！

ハイサワーうめで
コクと風味がでます
輩ボール

Memo
柑橘系やハーブのフレーバーを加えた人気のハイボールも、ハイサワーがあれば手軽で簡単に楽しめます。

ハイサワーライムでバカルディ風カクテル
気軽につくって楽しめる1杯

バカルディ風ハイサワー

＊スタンダードな黄金比

ハイサワーライム……3
ラム酒……1
グレナデンシロップ……小さじ1

★氷を入れたグラスにラム酒を加え、ハイサワーライムを注いだら、グレナデンシロップをたらします。

社員のひとこと

基本レシピのライムジュースのかわりにハイサワーライムで、しゅわしゅわ炭酸の味を！

Memo

バカルディとは、バカルディラムをベースにしたキューバ生まれのカクテルです。

ハイサワーライムで割るテキーラリッキー
テキーラ強めは要注意？

メキシコハイサワー

社員のひとこと

ハイサワーライムは洋酒との相性抜群。割ればあっという間にカクテルに大変身します。

ハイサワーライム……4
テキーラ……1

★たっぷりの氷を入れたグラスにテキーラを加え、ハイサワーライムを注ぎます。

マドラーでガリをつぶしつつ
飲むのが居酒屋風

ガリサワー

*スタンダードな黄金比

ハイサワーレモン……3

焼酎……1

★甘酢に漬けたガリをたっぷりグラスに入れて、焼酎と氷を加えます。ハイサワーレモンを注いで完成。ガリは山盛りで！

社員のひとこと

ガリを入れるちょっと風変わりなガリサワー。ぜひ、お試しくださいね！

わさびでツ～ン
ハイサワーレモンでシュワ～

ツ～ンッとサワー

＊スタンダードな黄金比

ハイサワーレモン……3
焼酎……1
わさび……小さじ1

★グラスに焼酎を入れ、たっぷりの氷を加えます。ハイサワーを注いだら、マドラーでくるりと混ぜてできあがり。わさびを溶かしつつ飲む1杯です。

社員のひとこと

口の中をすっきりさせたいときや、味を変えて楽しみたいとき、ぜひお試しください！

ハイサワーライムがあれば
人気のカクテルも気軽に楽しめます

ジンライム

社員のひとこと

パーティにはライムや炭酸水がなくても大丈夫！　ハイサワーライムさえあれば便利です。

＊スタンダードな黄金比

ハイサワーライム……3

ジン……1

★氷を入れたグラスにジンを加え、ハイサワーライムを注ぎます。

ハイサワー青リンゴで割れば
フルーティーなカクテルに

青リンゴ紹興酒

社員のひとこと

紹興酒独特の香りや味がハイサワーで割ればすっきりとした味わいになり、旨さアップ！

＊スタンダードな黄金比

ハイサワー青リンゴ……3
紹興酒……1

★グラスに氷と紹興酒を入れ、ハイサワー青リンゴを注ぎます。

ブラッドオレンジ&カシス

グラデーションが鮮やかな
ちょい甘めの女子カクテル！

ハイサワーレモン……2
100%ブラッドオレンジジュース……1
100%マンゴージュース……1
カシスリキュール……1

★グラスに同量のカシスリキュールとブラッドオレンジ&マンゴージュースを入れ、倍量のハイサワーレモンを注ぎます。

社員のひとこと

甘いカシスとマンゴーにオレンジの甘酸っぱさとレモンがぴったり！女子会で人気です。

Memo

イタリア原産のブラッドオレンジを搾ったジュースは、シチリア産レモンたっぷりのハイサワーと相性抜群。

カシスリキュールの甘さがほんのり漂う
ビールテイストのカクテル

カシスッピー

社員のひとこと

体にうれしいカロリーオフ、プリン体ゼロのレモンビアカクテルは居酒屋でも人気です！

ハイサワーハイッピー
レモンビアテイスト……3
カシスリキュール……1

★グラスにカシスリキュールを入れて、ハイッピーレモンビアを注ぐと、なめらかな泡で喉ごしもいいカクテルの完成です。

ハイサワーグレープフルーツ……1
ゆず酒……1

★氷の入ったグラスにゆず酒を加え、同量のハイサワーグレープフルーツを注ぎます。

ほどよい甘さと爽やかな酸味のハーモニー
ゆず酒で女子向けのカクテルを

ゆずサワー

社員のひとこと

ゆずの香りいっぱいの果実酒をハイサワーで割って。まったりしたい気分のときに最高！

爽やかな苦みと
透明感のある赤が魅力

カンパリライム

社員のひとこと

ハイサワーライムはビター系リキュール・カンパリとの相性もぴったり。食前酒にどうぞ。

＊スタンダードな黄金比

ハイサワーライム……3
カンパリ……1

★グラスにカンパリを入れて、ハイサワーライムを注ぎます。

甘酸っぱくて懐かしい味
蒲田で人気も納得です

うめちゃんサワー

ハイサワーうめ……4
ピーチリキュール……1

★たっぷり氷の入ったグラスにピーチリキュールを加え、ハイサワーうめを注ぎます。

社員のひとこと

テレビドラマの舞台となった蒲田の町で生まれたお茶目なカクテル。

赤ワインにハイサワーを加えるだけで
フルーティーなカクテルに

サングリア風サワー

社員のひとこと

赤ワインのアルコール度数が3〜4%になるので、とても飲みやすいカクテルです。

ハイサワーグレープフルーツ……2
赤ワイン……1

★グラスに赤ワインを入れ、倍量のハイサワーグレープフルーツで割ります。お好みで氷やレモンを浮かべて、カジュアルに楽しみましょう！

COLUMN 3

博水社恒例「倉庫のみ」

ぜひハイサワーパーティを！

目黒の本社にある倉庫が居酒屋に変身する飲み会。略して「倉庫のみ」。商品を入れるP箱を重ねて椅子やテーブル代わりにし、料理上手の社員が腕をふるったさまざまな肴も並びます。ハイサワーは、縁日でラムネを冷やす銀色の大きな箱のなかで氷と一緒にキンキンに冷えています。

社員だけでなく、ときにお客さまを迎えて開く「倉庫のみ」。天井が高くて気持ちがいいんです。そしてなにより、いろいろ用意したお酒をハイサワーでそれぞれ好きに試し割りして飲むのが、新鮮な発見もあって楽しいのです。

ホームパーティやお花見の宴会など大勢が集まったときは、こんな「ハイサワー割り」大会で盛り上がってみてください。

ほろ甘だけど男前
あんちゃんにお疲れサワーを1杯

あんちゃんサワー

＊スタンダードな黄金比

ハイサワーうめ……3

杏露酒……1

★氷の入ったグラスに杏露酒を加え、ハイサワーうめを注ぎます。

社員のひとこと

杏露酒をハイサワーうめで割るとほろ甘に。仕事あがりの男性にお薦めのカクテルです。

抹茶の甘さとビアの苦みが
ほどよい和風カクテル

抹茶ッピー

ハイサワーハイッピー
レモンビアテイスト……3
抹茶リキュール……1

★グラスに氷を入れて、抹茶リキュールを加えます。ハイッピーレモンビアを注げば、体にもやさしいカクテルのできあがり。

社員のひとこと

意外な組み合わせと思われるかもしれませんが、本当に美味しくて癖になる味です。

マッコリとハイッピーレモンビア
レモンの酸味がきいたドリンク

マッコリッピー

ハイサワーハイッピー
レモンビアテイスト……1
マッコリ……1

★氷の入ったグラスの半分にマッコリを加え、同量のハイッピーレモンビアを注ぎます。

社員のひとこと

乳酸菌が生きている飲料とビア系飲料って、こんなに相性がいいんだ！と驚く一品です。

Memo

マッコリは朝鮮半島で生まれた米が原料のアルコール発酵飲料。米の甘みと微かな酸味、炭酸発泡の味が特徴。

社員のひとこと

梅酒はご家庭でつくるお酒のベストワンでは？ 甘さ控えめのこの飲みかたはお薦めです。

梅酒とハイサワーレモン！
炭酸ですっきり爽やか

しゅわっと梅酒

＊スタンダードな黄金比

ハイサワーレモン……3

梅酒……1

★グラスに梅酒を入れ、ハイサワーうめを注ぎます。もちろん氷を入れてもOK！

ハイホップシャルドネ

ホップの香りと苦みが際立つ
爽やかなカクテル

社員のひとこと

ノンアルコールビールのホップのほろ苦さがきいて、とってもおとなの味わいです。

ハイホップ
シャルドネビアテイスト……2
白ワイン……1

★グラスに白ワインを入れたら、倍量のハイホップシャルドネを注ぎます。

自費出版のご案内

長年の出版の経験を生かし、あなたの本づくりをお手伝いします。
お問い合わせ→自費出版部　〒113-0021　文京区本駒込3-9-3　トライビル
TEL 03-3824-7238　FAX 03-3824-7256

面白くて“考えさせられる”
翻訳ノンフィクション
Aki Translated Nonfiction Series

悪いヤツを弁護する
アレックス・マックブライド　2,415円　四六判／400P
英国司法では、バリスタ(法廷弁護士)は検事にも、弁護士にもなる。どちらの側についても、格闘する!　新米バリスタの悲喜を赤裸々につづりながら、「公平な裁判」を優しく問う快著。

キレイならいいのか　ビューティ・バイアス
デボラ・L・ロード　2,415円　四六判／296P
法曹倫理界の第一人者が、産業界やメディアにおける「美のバイアス」を歴史的、文化的背景を踏まえながら検証。ダイエット400億ドル、化粧品180億ドル。この巨大市場を生み出すバイアスに迫る!

災害ユートピア　なぜそのとき特別な共同体が立ち上がるのか
レベッカ・ソルニット 著　高月園子 訳　2,625円　四六判／448P
不幸のどん底にありながら、人は困っている人に手を差し伸べ、喜々として自分のやれることに精を出す。なぜその“楽園”が日常に生かされないのか?

哲学する赤ちゃん
アリソン・ゴプニック 著　青木 玲 訳　2,625円　四六判／400P
赤ちゃんは大人より賢く、想像力に富み、思いやりがあり、意識も鮮明である。最新科学により明らかになった脅威の能力!　話題の全米ベストセラー!

ユダヤ人を救った動物園　ヤンとアントニーナの物語
ダイアン・アッカーマン 著　青木 玲 訳　2,625円　四六判／372P
ユダヤ人に動物の名前をつけ動物園に匿い救出した園長夫妻。かたや民族絶滅計画を、かたや貴重動物保護を進めたナチのグロテスクを描く。

アフガン、たった一人の生還
マーカス・ラトレル 著　高月園子 訳　2,625円　四六判／448P
米海軍特殊部隊の唯一の生き残りが記す戦争の真実と、国内リベラル派への痛烈な批判。映画化決定!

イギリスを泳ぎまくる
ロジャー・ディーキン 著　野田知佑 監修　2,625円　四六判／424P
イギリス中のあらゆる水たまりを、季節を問わず泳ぎまくった男の旅の全記録。泳ぐことの陶酔を書きながら、静かに自然保護の重要性を訴えた、特異で、驚異の、全英ベストセラー!

アーミッシュの赦し　なぜ彼らはすぐに犯人とその家族を赦したのか
ドナルド・B・クレイビル他 著　青木 玲 訳　2,625円　四六判／328P
村の学校で銃の乱射事件が起き、少女5人が死に、5人が重症を負った。事件後すぐにアーミッシュが犯人とその家族を赦したワケは?

ニュース・ジャンキー　コカイン中毒よりもっとひどいスクープ中毒
ジェイソン・レオポルド 著　青木 玲 訳　2,310円　四六判／328P
同業者の嫉妬、誹謗中傷、ホワイトハウスからの圧力。絶対に知られてはならない自らの犯罪歴、歪んだ家族関係。自らの“ジェットコースター人生”とインディペンデントな記者魂を激白!

好評既刊

電通と原発報道

巨大広告主と大手広告代理店によるメディア支配のしくみ

本間 龍　1,575円　四六判／208P

完全独占企業が莫大な宣伝広告費をメディアに投じている理由は何か。博報堂の元社員が実体験と統計資料をもとに、巨大広告主—大手広告代理店—メディアの強固な絆を解説！

書店の棚　本の気配

佐野 衛　1,680円　四六判／194P

神田神保町にある老舗書店の元店長が綴った30年の書店暮らしから見えてきた本と書店をめぐる体験的エッセイ集。理想の書店とは？　読書の醍醐味とは？

神社のおかげさま

これがあなたの生きる道

和田裕美　1,365円　四六判／254P

ビジネス書の女王が書き下ろした待望の神社本！熊野本宮大社（世界遺産）で参与を務める世界No.2のセールスウーマンが初公開する「神社と仕事」「神社と人生」の成功法則とは？

106歳のスキップ

私は96歳までひとのために生きてきた

昇地三郎　1,470円　四六判／174P

妻と子どもたちに先立たれ、96歳で天涯孤独の身となった。97歳にして第二の人生を歩き始めた著者が、つねに新しい自分を見つける方法を示す一冊。

あなたも宇宙とつながっている

今、伊勢神宮に魅かれる理由

浅見帆帆子　1260円　四六判／214P

ゆれ動く新たな時代をしっかり歩んでいくために、何を思い、何を行動に移していけばいいのか。宇宙とのつながりに気づくことで見えてくる生き方の指針、幸せの種とは。

好評既刊

TOEIC® TEST満点芸人が大公開！ 英単語バラバラ記憶術

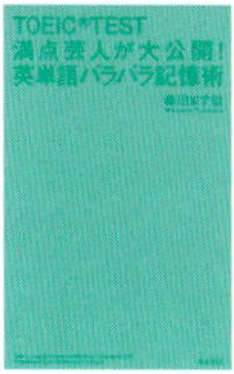

桑田ます似　1,260円　四六変判／208P

TOEIC初挑戦時275点から、満点（990点）がとれた最強の単語記憶法を大公開！ 英単語は、バラバラに分けて考えれば超効率的に覚えられる！

これで迷わない！ 中国で学ぶ・働く[全ガイド]

石黒裕美　2,310円　A5判／272P

今だからこそ、中国に行こう！ 数百人の中国転職をサポートしてきた著者による、ネットでは手に入らない実践的中国留学・就職ガイド！

マドンナジャパン 光のつかみ方
世界最強野球女子

長谷川晶一　1,680円　四六判／278P

小学生で始めた野球の世界でプロになり、ワールドカップで優勝する。そんな夢のようなことを現実のものにした野球を愛するマドンナたちの魂の軌跡。

雑草に学ぶ「ルデラル」な生き方
小さく、速く、多様に、しなやかに

稲垣栄洋　1,365円　四六判／176P

本当は弱い雑草が、なぜ強く見えるのか。その秘密は「ルデラル」にある。雑草に学ぶ、変化と逆境を味方につける方法。

みんなで決めた「安心」のかたち
――ポスト3・11の「地産地消」をさがした柏の一年

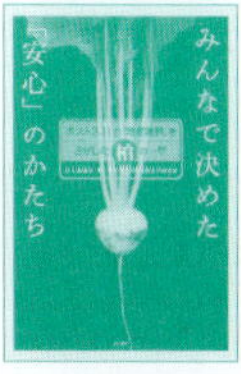

五十嵐泰正＋「安全・安心の柏産柏消」円卓会議　1,890円　四六判／266P

住民と生産者、流通業者と飲食店主…利害の異なる人たちが、放射能によって分断された信頼を、熟議によって取り戻すまでのドキュメンタリー。

最　新　刊

女子の遺伝子

よしもとばなな　三砂ちづる　四六判／220P

子どもは誰しも親と時代から縛りを受ける。その傷と歪みをどのように乗り越えていったらいいのか。両親との関係、子育て、出産……これからの女子のロールモデルを探す。　1,260円

わたしの家
痕跡としての住まい

柏木 博　四六判／328P

最小限の家コンビュジエの南仏の小屋。書物を読み書くことを優先させた荷風の偏奇館。放浪作家、林芙美子の終の棲家……。デザイナーや作家の家を例にとり、人と家との関係を探る。　2,100円

だれがタブーをつくるのか
原発広告・報道を通して日本人の良心を問う

鈴木邦男＋本間龍　四六判／208P

かたや元右翼団体代表にして孤高の論客、かたや元博報堂社員にしてタブーへの挑戦者。原発・広告・マスメディアを俎上にのせて語りこんだ、「表現」の自由と責任、「言論」の自由と覚悟。1,575円

サイエンスジョーク
笑えたあなたは理系脳

小谷太郎　四六判／196P

ジョークは、高度に論理的であればあるほど面白い。理系脳の営みから生まれる呻吟、感動、奇行が爆笑中枢を一撃！　1,365円

亜紀書房
since1967

2013
No.1

〒101-0051　千代田区神田神保町1-32
TEL 03-5280-0261　FAX 03-5280-0263
www.akishobo.com

＊書店にない場合は、直接ご注文ください。代金引換にてお届けいたします。

モヒートをビアテイストで仕立てた
ほろ苦い男のカクテル

ハイッピーモヒート

ハイサワーハイッピーゼロ
ビアテイスト……3
ホワイトラム……1
ライム……1/3個
ミントの葉……10枚

★グラスにミントの葉を入れて香りを出し、クラッシュアイスとお好みの大きさにカットしたライムをプラス。ホワイトラムを入れ、ハイッピーゼロビアを注ぎます。

社員のひとこと

カクテルの定番モヒート。ビアテイストの割り材でつくれば、すっきりした苦みがプラス。

日本酒をハイサワーで割っちゃう!?
意外に美味しい日本酒のサワー

サムライサワー

社員のひとこと

日本酒と相性がいいのがハイサワーうめとライム。日本酒が苦手でもごくごくいけます！

*スタンダードな黄金比

ハイサワーうめ……3

日本酒……1

★日本酒をグラスに注ぎ、ハイサワーうめを割りいれます。香り豊かな日本酒カクテルのできあがり。仕上げにスダチを搾ってもOK！

＊スタンダードな黄金比
ハイサワーレモン……3
焼酎……1
ダイコンおろし……たっぷり

★氷を入れたグラスに焼酎を加えたら、ダイコンおろしをたっぷり入れます。ハイサワーレモンを注いで完成。

ダイコンおろしとレモンが爽やか～
体にやさしいお酒です

ダイコンおろしサワー

社員のひとこと

たっぷりのダイコンおろしがぴりっと辛くて、喉ごし爽やかな美味しい1杯です。

Memo

ダイコンはビタミンCと消化酵素のジアスターゼが豊富な野菜。お酒に入れれば二日酔い予防になるでしょう。

クリーミーな泡立ちを楽しむ
ビアテイストの赤ワイン

ハイホップレモン

社員のひとこと

赤ワインに、ビアの苦みとレモンのフルーティーさが加わって、すっきり飲みやすい1杯。

ハイホップ
レモンビアテイスト……2
赤ワイン……1

★グラスに赤ワインを入れ、倍量のハイホップレモンビアを注ぎます。

アルコールが好きだけど
ちょっぴり健康も気になるかたに

ビネガーハイサワー

ハイサワーグレープフルーツ……4
オレンジリキュール……1
マンゴー酢……大さじ1

★グラスに氷を入れて、オレンジリキュールとマンゴー酢を加えます。ハイサワーグレープフルーツを注いで完成。

社員のひとこと

お酒を楽しみつつも、健康のためには美味しくお酢を摂りたいと考えてできたレシピです。

白ワインとハイサワーレモンで
甘酸っぱい女子カクテル

シャンパン風サワー

ハイサワーレモン……2
白ワイン……1

★グラスに白ワインを入れ、倍量のハイサワーレモンを注ぎます。お好みで氷を浮かべて。

社員のひとこと

爽やかなレモンの風味をプラスしたスプリッツァー。食前酒としてもお薦めの1杯です。

ほんのりグレープフルーツの味
マッコリをさらに飲みやすく

マッコリ輩

社員のひとこと

1杯目はストレートで、2杯目はハイサワーで割って、味の違いをぜひお楽しみください。

ハイサワーグレープフルーツ……1
マッコリ……1

★氷を入れたグラスにマッコリを加え、ハイサワーグレープフルーツを注ぎます。

COLUMN 4

ハイサワーは、そのまま飲んでも美味しい

よ〜く冷やすか、氷をたっぷり入れて

ハイサワーは、お酒と割ることを考えてつくられているので甘さ控えめ。スッキリとしたレモンやグレープフルーツの味わいなので、そのまま飲めばどんな食事にもよく合います。

食事の前に適量を飲むと、炭酸ガスでお腹が膨らみ食べる量を減らすことができるので、ダイエット効果も期待できそう。

ダイエット中だけど、ちょっと飲みたいというときは、少なめのお酒にたっぷりのハイサワーを混ぜれば、満足感も得られてストレスも溜まりません。

第4章

夏の泡泡レシピ

真っ青な空と太陽がまぶしい夏は
キンキンに冷えたハイサワーが恋しくなる季節。
涼しげにシュワーッとあふれる炭酸で
酷暑の夏も元気に乗りきりましょう！ 食欲がないとき、
さっぱり美味しく食べられるレシピもあります。

猛暑の夏は
こまめに水分&塩分補給を

熱中症予防サワー

社員のひとこと

ゴルフ好きのかたの「夏はハイサワーに塩を入れてコースへ」をヒントに考案しました。

ハイサワーレモン……500ml
リンゴ酢……大さじ1
ハチミツ……大さじ1
塩……小さじ1/4

★グラスにリンゴ酢、ハチミツ、塩を入れてよく混ぜたら、ハイサワーレモンを注ぎます。お好みで氷やレモンを浮かべて。お出掛け用には、ペットボトルにすべての材料を入れてよ〜くかき混ぜて！

Memo

大汗をかかないような平静時は、お塩は半量でもよいでしょう。このドリンク、少量をこまめに飲むのがお薦め。

金魚鉢

グラスのなかで泳ぐのは？
夏に飲みたくなるお酒

＊スタンダードな黄金比

ハイサワーレモン……3
焼酎……1
赤唐辛子……1本

★赤唐辛子を焼酎に漬けて、一晩ねかせておきます。グラスに焼酎と赤唐辛子を入れ、氷を加えます。ハイサワーレモンを注げば、見た目も涼しいドリンクのできあがり。

社員のひとこと

夏場の居酒屋さんで人気のドリンク。緑の大葉を入れれば、より夏の風情がただよいます。

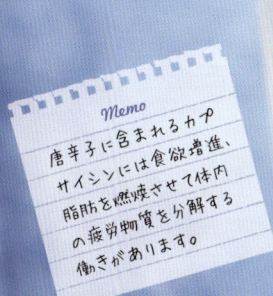

Memo

唐辛子に含まれるカプサイシンには食欲増進、脂肪を燃焼させて体内の疲労物質を分解する働きがあります。

レモン果汁で清涼感ばっちり！
お風呂上がりにお薦めの1杯

簡単シャンディーガフ

ハイサワーレモン……1
ビール……1

★グラス半分にビールを入れ、同量のハイサワーレモンを注ぎます。

社員のひとこと

ビールをハイサワーで割る掟破りの1杯。レモンの酸味がきいた泡泡ドリンク、お試しを。

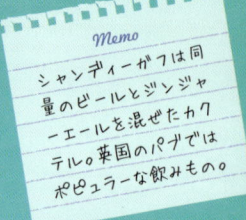

Memo

シャンディーガフは同量のビールとジンジャーエールを混ぜたカクテル。英国のパブではポピュラーな飲みもの。

夏バテ対策にビタミン・
ミネラル豊富な甘酒&しそ

赤しそ風味甘酒

わるなら赤しそ……大さじ1
甘酒……カップ1杯

★カップに注いだ甘酒に「わるなら赤しそ」を加えます。お好みで氷を浮かべて涼やかに。

社員のひとこと

甘酒が夏の季語とは意外でした。甘酒の甘みに赤しそのほのかな甘酸っぱさがよく合います。

Memo

しその葉に含まれるポリフェノールには、アトピー性皮膚炎や花粉症に効果があるといわれています。

＊スタンダードな黄金比

ハイサワーレモン……3
焼酎……1
キュウリ1/2本
（細長くスライスしたもの）

★グラスに焼酎とキュウリを入れ、氷を加えます。ハイサワーレモンを注いでできあがり。

社員のひとこと

夕涼みの縁台で、キュウリ特有の香りを楽しみながらグラスを傾けてくださいね。

はじける炭酸
緑が清々しい1杯
カッパサワー

Memo

夏に美味しさが増すキュウリ。食欲がないときや、むくみが気になるときには、しゃきしゃきっといきましょう！

100%果汁ジュースを足すだけで
おしゃれなカクテルに変身

トロピカルカクテル

ハイサワーグレープフルーツ……2
100%オレンジジュース……2
ウォッカ……1

★グラス1/5までウォッカを入れ、氷を加えます。同量のオレンジジュースとハイサワーグレープフルーツを注ぎます。

社員のひとこと

ハイサワーは甘みおさえめなので、果実100%の濃厚なジュースとは相性抜群です。

谷中生姜サワー

マドラーをつまみに
一石二鳥の美味しさ

＊スタンダードな黄金比

ハイサワーレモン……3
焼酎……1
谷中生姜……1本

★グラスに焼酎を注ぎ、たっぷりの氷を入れます。ハイサワーを注いだら、マドラーがわりの谷中生姜をくるりと混ぜて、香りを楽しみましょう。

社員のひとこと

谷中生姜が出まわるといよいよ夏も本番。見た目も涼しげなレシピは居酒屋で人気です。

爽やかな酸味と
ルビー色が夏にぴったり

ハイビスカスサワー

ハイサワーレモン……1
ハイビスカスティー……1

★ハイビスカスティーを濃いめにいれて、あら熱をとります。氷をたっぷり入れたグラスにハイビスカスティーと同量のハイサワーレモンを注ぎます。

社員のひとこと

甘みがほしいときはガムシロップや、100%果汁ジュースを加えると美味しくいただけます。

Memo

ハイビスカスにはクエン酸が多く含まれています。レモンとのW効果で夏バテを吹き飛ばしましょう！

パイナップルジュースを足して
ご機嫌な夏の1杯を

トロピカル輩ボール

ハイサワーグレープフルーツ……2
パイナップルジュース……2
ウイスキー……1

★氷を入れたグラスに1/5量のウイスキーを加え、同量のパイナップルジュースとハイサワーグレープフルーツを注ぎます。

社員のひとこと

爽やかなレモンと甘酸っぱいパイナップルで、よりまろやかな味のハイボールになります。

太陽がまぶしい夏は
シャーベット状の焼酎で
シャリシャリサワー

社員のひとこと

焼酎は凍りにくいので、製氷機などに少量ずつ入れるのがお薦め。凍る目安は一晩です。

＊スタンダードな黄金比

ハイサワーレモン……3
焼酎……1

★100ccの焼酎を冷凍庫で凍らせます。グラスに凍った焼酎を入れて、ハイサワーレモンを注ぎます。焼酎を溶かしながら、お飲みください。

酷暑の夏も これがあれば冷んやり〜 おとなのかき氷

ハイサワーレモン……4
カシスリキュール……1
かき氷

★グラスに1/5量のカシスリキュールを入れ、かき氷をたっぷり加えます。ハイサワーレモンを注いだら、ひと味ちがうおとなの味のかき氷が完成。

社員のひとこと

ベースのお酒を焼酎やウイスキーにすれば、甘くないすっきりとした美味しさになります。

泡盛とハイサワー
沖縄で愛されている味

島ハイサワー

社員のひとこと

ハイサワーで割ると、泡盛独特の味わいが引き立ちます。泡盛初心者にもお薦めです！

*スタンダードな黄金比

ハイサワーレモン……3

泡盛……1

★氷の入ったグラスに泡盛を加え、ハイサワーレモンを注ぎます。

塩もオイルも使わない
ヘルシーなサラダ

簡単カプレーゼ風

トマト……1～2個
パセリ……お好みの量
ハイサワーレモン……60cc
クリームチーズ……50g

★トマトは輪切りにし、トッピングのパセリはみじん切りにしておきます。クリームチーズを練ってなめらかにし、ハイサワーレモンを注いでさらにクリーミーになるように混ぜます。炭酸とレモンがきいたチーズドレッシングの完成。

社員のひとこと

クリームチーズとハイサワーの分量はあくまで目安。お好みの味で、夏のサラダに工夫を。

Memo

カプレーゼで用いるバジルのかわりに、パセリを使いました。パセリはビタミンAやCが豊富です。

社員のひとこと

ぽん酢風味のめんつゆという感じ？　口のなかで、そうめんがしゅわしゅわ〜っと踊ります。

シュワッとレモンそうめん

食欲がないときも
爽やかな酸味がいけます！

ハイサワーレモン
めんつゆ（濃縮タイプ）
そうめん

★めんつゆを、規定の稀釈量のハイサワーレモンで薄めます。お好きな薬味を入れて、そうめんをつるつるっとお召しあがりください。

COLUMN 5

炭酸水活用の裏技レシピ

炭酸水は、お酒を割る以外にもお料理などに活用できます。いくつかをご紹介しましょう。

煮込み料理

角煮やシチュー、スペアリブなど、お肉を煮るときに水の代わりに炭酸水を入れると、お肉が柔らかくなります。また「炭酸水レモンフレーバー」で煮ると、肉の臭みがとれます。

天ぷら・から揚げ

天ぷらやから揚げの衣をつくるとき、小麦粉と卵に炭酸水を混ぜると、サクッとした食感の軽い薄衣に仕上がります。

ホットケーキ

牛乳の代わりに炭酸水を使うと、ふっくらとした仕上がりになります。

第5章

デザートレシピ

ヨーグルトやアイスクリーム、そして果物に
シュワシュワ炭酸のハイサワーを加えると
フレッシュな食感で美味しさがさらに増します。
ハイサワーで楽しいデザートタイムを。

ハイサワープラスで 爽やかな夏のデザートに
ハイサワーみつ豆

みつまめ……1缶
ハイサワーグレープフルーツ……お好みの量

★グラスによく冷やしたみつ豆を入れ、お好みの量のハイサワーグレープフルーツを注ぎます。黒みつや糖みつはお好みで。メロンやスイカなど夏のフルーツを加えれば、さらに美味しくいただけます。

社員のひとこと

ハイサワーはグラス3分目くらいに注ぐのがお薦め。甘すぎず、おとなのおやつに最適。

社員のひとこと

ハイサワーうめの甘酸っぱさが、ラムレーズンの甘さとマッチして美味しさがアップします。

芳醇なラムの香りがうれしい
おとなのデザート

うめ&ラムレーズン

ハイサワーうめ……グラス3分目
ラムレーズンアイスクリーム……1個
ラム酒……大さじ1

★ラムレーズンアイスクリームを入れたグラスに、ハイサワーうめを注ぎます。さらにラム酒を加えて、アイスを溶かしながら召し上がれ。

社員のひとこと

ヨーグルトに炭酸をプラスすると、なめらかで口あたりのよい食感が楽しめます。

シュワシュワでなめらかな
ヨーグルトの食感

ハイサワー de ヨーグルト

ハイサワーレモン……1
プレーンヨーグルト……1

★ヨーグルトをグラスの半分まで入れ、同量のハイサワーレモンを注ぎます。甘みをプラスしたいときは、お好みのジャムをトッピング。

ハニーグレープフルーツ

ハチミツのやさしい甘さと
シナモンの香りがポイント

ハイサワーレモン……80cc
ハイサワーグレープフルーツ……80cc
ハチミツ……大さじ2
シナモンパウダー……お好みの量

★グラスにハチミツを入れ、ハイサワーレモンとハイサワーグレープフルーツを注ぎます。よくかき混ぜたら、シナモンパウダーを振ってできあがり。

社員のひとこと

ハイサワーの酸味がきいているので、あま〜いお菓子をいただきながら飲むのがベスト！

すっきり爽やかな
目覚めの1杯

ジャムサワー

ハイサワーレモン……グラス1杯
ママレードジャム……大さじ1

★グラスにハイサワーレモンを注ぎいれ、ママレードジャムを加えて軽くかき混ぜます。お好みで氷を浮かべて。

社員のひとこと

トーストに塗るついでに、ハイサワーにスプーン一杯のママレード。朝のドリンクが完成！

ハイサワーポンチ

炭酸が果物の鮮度を保ち
パーティーにも大活躍

ハイサワーグレープフルーツ
……グラス半分
果物……お好みのものを適量

★彩りの美しい季節の果物をグラスに盛りつけ、ハイサワーグレープフルーツを注ぎます。

社員のひとこと

グレープフルーツのフルーティーな香りと、泡泡な炭酸が果物の味をひきたてます。

ひと味ちがう
ハイサワーアレンジ

ミルキーサワー

社員のひとこと

お好みの乳酸飲料にハイサワーをプラス。お子さまと一緒に楽しめるドリンクです。

ハイサワー青リンゴ……3
乳酸飲料の原液……1

★氷の入ったグラスに1/4ほどの乳酸飲料を加え、ハイサワー青リンゴを注ぎいれます。

シュワシュワ感が楽しい
炭酸inゼリー♪

ハイサワーゼリー

社員のひとこと

ゼリーには炭酸のシュワシュワ感が残ります。甘くないので、お酒を飲みながらでもOK！

ハイサワーうめ……200cc
粉ゼラチン……3g
熱湯……50cc

★熱湯で溶かしたゼラチンにゆっくりとハイサワーうめを注ぎ、冷蔵庫で冷やします。甘みを増やしたいときは、ゼラチンを溶かす際にお好みの量の砂糖をプラス。

パーティが華やぐフルーティーなカクテル

サングリアサワー

ハイサワーレモン……1000cc
ハイサワーうめ……360cc
アセロラジュース……500cc
オレンジ……1個
レモン……1個
リンゴ……1個
バナナ……1個
（オレンジ～バナナ：さいの目切りに）
シナモンパウダー＆スティック……適量

★ハイサワーレモン＆うめ、アセロラジュース、シナモンパウダーを混ぜ合わせ、切った果物を漬けこみ、冷蔵庫で一晩ねかせます。クラッシュアイスとシナモンスティックを入れたグラスに、サングリアを注ぎ、果物をトッピング。

社員のひとこと

一晩おくと果物の旨味が出て美味しくなります。ノンアルコールなのでお子さまにも！

Memo

サングリアは赤ワインをソーダやオレンジジュースで割って、果物とシナモンを加えたスペイン生まれの飲み物。

夏のおやつにお薦めの
どこか懐かしい味です

アイスキャンディーサワー

ハイサワーレモン……グラス1杯
アイスキャンディー……1本

★ハイサワーレモンを注いだグラスのなかに、お好みのアイスキャンディーを入れて軽くかき混ぜます。フローズンソーダとしてお楽しみください。

社員のひとこと

いろいろ試してみましたが、ソーダ味、みかん味のアイスキャンディーがお薦めです。

社員のひとこと

ハイサワーは、温めても炭酸感はしっかりと残ります。冬場のハイサワーアレンジです！

**ハイサワーレモンを温めると
美味しいホットレモネードに**

ホットリンゴコンポート

ハイサワーレモン……カップ1杯
リンゴ……1/2個
砂糖……大さじ2
レモンの搾り汁……小さじ1
片栗粉……小さじ1

★鍋に薄切りのリンゴ、砂糖、レモンの搾り汁を加え、弱火でリンゴがとろっとなるまで煮ます。ハイサワーレモンに片栗粉小さじ1を加え、500Wの電子レンジで1分ほど加熱。カップにリンゴとハイサワーレモンを入れたら完成。甘みを足したいときは、お砂糖を加えて。

第6章

居酒屋生まれのレシピ

町の居酒屋やバーでハイサワーが愛されつづけて30余年。
お店のご主人や常連さんが教えてくれた
美味しいハイサワーレシピも、たくさん生まれました。
そんなレシピのなかから、とっておきのものをご紹介します。

横浜・鶴見

もつ焼き　幸太

大串のもつ焼きと煮込みが評判の店

　カウンターのみ5坪の店は、連日、夕方5時の口開けから満席になる。常連さん同士が気持ちよく詰めあい、それでも座れないときは外飲みもOK！　賑やかな店内には大きな鍋からもつ煮の旨そうな香りがただよい、70年代や80年代にヒットした和製ポップスや演歌が流れている。なんとも居心地のよいこの店のご主人・原田幸太さんは、地元鶴見の出身。築地のもつ焼きの店で修業をしたのち、5年前に独立して開業した。

「お客さんに『ええっ、こんなに！』と喜んでもらいたくて、お酒も濃いめで料理も多めがうちのやりかたです。あっ、もちろんハーフサイズもできますよ（笑）」

　すべてにボリュームたっぷりの肴に舌鼓を打ちつつ、グラスを傾ける。昭和のノスタルジー満点の店内にはハイサワーがよく似合う。

「ハイサワーは昔から愛されているし、お客さまもあのCMを知らないひとはいませんよね。僕はそういうものが好きだし、大事にしたいと思っているんです」

　この店で生まれた「生姜ハイサワー」。健康を気づかうひとや女性たちに人気だ。最初はチューブ

関西の縁日の定番「冷やし飴」を思いだす

生姜ハイサワー

生姜ハイサワー350円。グラスに生姜とハチミツ、濃いめの焼酎。瓶ごとハイサワーを渡して好きに割って飲むのが「幸太流」。

食べごたえのある大串は、1本150円。煮込みは、開店以来、注ぎ足しつつ守っている味。味噌味がしみたもつと豆腐にネギをたっぷり。これまた大盛りで450円と財布にやさしい。

入りの生姜を使っていたが、「香りがぜんぜん違う」ので、おろした生の生姜をたっぷり入れている。焼酎のハイサワーレモン割りに生姜の辛みとハチミツの甘さがほどよくて、1日の仕事を終えた体にはほっとするやさしい味だ。

「大阪出身のお客さんから『冷やし飴？　懐かしいなあ』っていわれて。関西ではお祭りや縁日でよく飲むジュースに味が似ているみたいです。昭和の雰囲気でやっているので、お客さんは40代から上。自分が知らない時代の話を聞けるのも、楽しいですね」

毎日、仕事帰りに立ち寄って、もつ焼きを肴に数杯飲んで引き上げるという常連さんも多いとか。

「お客さまも従業員も、ひとに恵まれてやってこれたんです」

ここ5年間で、姉妹店が2軒に。「幸太」にひとが集まるのは、大盤振る舞いのご主人の太っ腹と人柄のよさにあるのは間違いない。

ご主人の原田幸太さんを中心に内海惇平さん（左）と村木竜太さん（右）の最強イケメンチーム。

DATA

横浜市鶴見区鶴見中央4-20-3 中島ビル1F
☎045-511-0973　㊂17:00〜翌0:00
※売り切れ次第閉店　㊡日曜
◎京浜鶴見駅東口より徒歩約3分

東京・有楽町

まんぷく食堂

和洋食とユニークな創作料理 24時間ウェルカムの店

JR有楽町駅のアーチ状になった高架下にある「まんぷく食堂」。店の外には「オロナミンC」や「カルミン」などのさまざまな懐かしい看板や日本映画のポスターが掛かっている。まるでここだけが、昭和にタイムスリップしたような不思議な空間だ。

24時間営業のこの店は、コロッケ定食と鮪づけ丼の「元気がでる朝ごはん」から、11時以降「いつでもランチ」のスペシャルメニューまで盛りだくさん。そして、どれもボリュームたっぷりのまんぷく度。ハッピーアワーには、お値打ち価格で発泡酒をサービスしているとあって、バラエティに富んだ客層でいつも賑わっている。

この店で人気の「シュワッめろーハイサワー」は、ランチあとの午後、女性客から「なにかデザートを」という声にこたえて、オーナーのミッシェルさんが考案したもの。焼酎にハイサワー青リンゴ、アイスクリームのトッピングにはパチパチキャンディー。おとなの甘さと口のなかではじけるキャンディーの食感が、この昭和の香りがむんむんの雰囲気によく似合う。ハチミツを添えたミックスチーズ

はじけるキャンディーが愉快！

シュワッめろーハイサワー

パチパチキャンディーをトッピングしたオリジナルのデザートカクテル780円。おとなのクリームソーダは女性客に人気のメニュー。

3種類のチーズが絶妙な味を出すピッツア　ゴルゴンゾーラハチミツかけ1480円。クリスピーな食感を楽しみつつデザート感覚で。

とブルーチーズ、クリームチーズの3種のピッツアも、オーナーこだわりの逸品だ。

24時間、ここを訪れる誰もがいつでも満腹になって元気になれる食堂。夕方近くの店内を見渡せば、老若男女はもちろん、外国のかたの姿もチラホラ。みんな大いに食べて、飲んで、笑って、しあわせそうだ。

時計が6時をまわると、働きものの店員さんたちが店の外にテーブルと椅子を広げて、あっという間にテラス席ができた。ここも仕事帰りのサラリーマンたちですぐにいっぱいになり、居酒屋営業の開始だ。頭上をガタガタと走る電車のリズムも楽しくて、思わず杯が進む。銀座のまっただなかで、独特の空気と時間が流れているこの食堂は、お腹もこころもほっこりと満足させてくれる特別な場所だ。24時間、いつでもお好きなときに、ぜひお立ち寄りを。

昭和の雰囲気が色濃くただよう一画は、まるで銀座の別天地。

DATA

千代田区有楽町2-4-1　☎03-3211-6001
㊖24時間　年中無休
◎JR有楽町駅銀座口より徒歩1分

東京・経堂

お湯かふぇ　さばのゆ

お湯に浸かってぽかぽか気分 ゆる飲みが似合う店

「銭湯みたいにゆるりと地元のひとに集まっていただければと、4年前にオープンしました。そういう店があるとひととひとが繋がれるし、町の雰囲気もぜんぜん違ったものになるんです」

　コメディー作家であり地域コミュニティのプロデューサーでもあるオーナーの須田泰成さん。折しも2001年の法改正で、これまで地道にやってきた地元商店街が打撃を受け、なんとか町を活性化させたいという気持ちもあった。

　定期的に行っているイベントのひとつに落語会がある。なかでも上方落語の若手実力者・桂吉坊さんの独演会は毎月3日間というペースで3年間も続いている。高座がすぐ目の前という距離感や、その後の打ち上げ兼飲み会でお客さん同士の輪が広がるのも魅力だ。

「僕は大阪の噺家なんで、普段は太鼓などの鳴り物が入るんですが、ここではお三味線だけ。いうたらなんですけど、こういう縛りのある雑多なとこで落語会をやることで、このネタをどうやりましょうかと考えるのが楽しい。勉強させてもらってます」と吉坊さん。

　高座は飲みながら聞くのも

甘酸っぱさがほわっと広がる

梅三乗サワー

人気のオリジナルカクテル600円。美味しいと評判の石巻「木の屋」の缶詰を使った「さばみそ煮缶チーズ焼き」600円。

OK！　そんなとき、ほどよい加減に酔えて人気なのがレモンチューハイ「ハイサワー缶」とか。

「さばのゆ」オリジナルのカクテルは、梅酒のハイサワーうめ割りに梅干しを入れた、その名もズバリ「梅三乗サワー」。

「よく焼酎に梅干しを入れて飲みますが、梅酒の甘みと梅干しの酸っぱさが楽しめます」とメニュー開発者の樋口直樹さん。ほどよい甘酸っぱさは、どんな肴にもあう味だ。女性ばかりではなく、男性にも人気というのも頷ける。

肴は、宮城県の「木の屋石巻水産」のさば味噌煮缶を使った一品。東日本大震災で津波に遭い、瓦礫とヘドロに埋もれた缶詰を、毎週末、経堂から車で支援物資を石巻に運んだ帰り空の荷台に積み込んで、経堂のひとたちがきれいに洗浄して販売し義援金にしたという。人の輪が広がる「さばのゆ」には、いろいろな物語が生まれる。

銭湯につきものの富士山を背景にオーナーの須田泰成さん（左）と料理人の樋口直樹さん。

DATA

世田谷区経堂2-6-6　plumbox V 1階
☎03-5799-6138　㊖18時～翌0時　不定休
◎小田急線経堂駅北口より徒歩3分
http://sabanoyu.oyucafe.net/

博水社
ハイサワー誕生物語

昭和30年代、
笑顔で工場の入口に立つ
博水社二代目社長・田中専一

町のラムネ屋として創業　1928〜

1928年（昭和3）、東京都品川区桐ヶ谷にて博水社の前身「田中武雄商店」創業。初代・田中武雄は、「他人さまの口に入るものには責任がある」という信念のもと、炭酸の清涼飲料水ラムネの製造から出発しました。45年、空襲で品川は焼け野原となり、工場も焼失。終戦後、戦火の影響が比較的少なかった目黒で、奇跡的に焼け残ったラムネの製造機械を使って再出発しました。

コカ・コーラの輸入自由化で大打撃　1950〜

戦後、果汁すら入手できないころ、砂糖水とみかんの香料でつくる「みかん水」のヒットで着実に業績を伸ばし、朝鮮戦争の特需で日本全体が好景気に沸く1952年、社名を「博水社」へ。世の中に清涼飲料水（水）を広（博）く知らしめるという意味が込められています。54年、目黒の現在地に新工場を建設。しかし61年、コカ・コーラの原材料輸入が自由化すると、アメリカの大手飲料メーカー２社の炭酸飲料が

当時のロゴ

旧工場内の風景

日本中を席巻。当時都内に200軒ほどあったラムネ屋が軒並み廃業し、博水社も厳しい営業を余儀なくされます。

1960〜夏場だけの需要に頼らない新商品の開発に着手

新商品開発のころの
専一社長

　父・武雄の後を継いだ二代目社長・田中専一は、ことにラムネが売れる縁日などのない冬場の営業に頭を悩ませていました。そこで、お酒に近い味の飲みものなら冬も売れるだろうと「ビール風清涼飲料」を試作。いまでいうノンアルコールビールです。アメリカのホップをはじめ世界中から原料を取り寄せて、0.001ml単位で配合し、通常業務を終えたあと深夜まで試行錯誤の研究を重ねること6年。1975年にようやく納得できるレシピが完成します。ところがその矢先、ホップのエッセンスの製造元が倒産。原料が入手できなければ製造自体が不可能となり、画期的な新しい飲料の開発は暗礁に乗り上げてしまいました。

1970〜アメリカ旅行が大きなターニングポイントに

　1975年、開発に行き詰まった専一は、気分転換に娘ふたりを誘ってアメリカ西海岸の旅へ。そこで、さまざまなカクテルを気軽に楽しむアメリカ人たちの姿を目にします。ウォッカ、ジン、ラム……と、割るお酒もさまざまなカクテルの種類の多さと人気に着目した専一は、「ビールテイストにこだわる必要はない。日本のカクテルをつくればいい！」と発想を転換したのでした。

家族４人でお祝いの席へ

妻の一言がヒントで、ついにハイサワー完成！ 1980～

アメリカで人気のあったジンフィズは、ジンにレモンとシロップを加え炭酸で割るカクテル。「お酒そのものは製造できないうちの会社でも、お酒を割るための飲料ならつくれる」と専一は確信しました。当時中目黒の居酒屋「ばん」で人気の、焼酎を炭酸水で割りレモンを入れて飲むメニューを見て「日本には焼酎がある！　焼酎を割るための炭酸飲料をつくろう。そしてそれを日本のカクテルにしよう」と決心。また試作を繰り返す日々が続きました。

「輩サワー」を
ともに売り歩いた社員と

「自分自身が心底旨いと思うものをつくらなくちゃダメなんだ」が口癖の専一は、納得がいく味を追求しレモン果汁にもこだわりました。味見には家族も参加するのが慣わしで、ある日、試飲した妻・久子が「隠

イタリアシチリア島の
レモン搾汁工場の社長

し味に、白ワインをほんの少し入れてみては？」の一言。試すと、こくが増すばかりではなくまろやかな味に。開発から５年を経た1980年、隠し味に微量の白ワインを加えた清涼飲料「ハイサワーレモン」がついに完成しました。これ以降、博水社の最後の味見は久子が担当し、数々の「おふくろの味」が商品化していきます。

「我輩がつくったサワー」
=「輩(ハイ)サワー」

居酒屋「ばん」では、レモンを搾った焼酎のソーダ割りを「生レモンサワー」と名づけていました。社運をかけて開発した商品に、専一は「我輩が考え出したサワー」を縮めて「輩《ハイ》サワー」と商標登録。この「輩サワー」登場後、世間ではハイサワーの「ハイ」と「サワー」が分かれて、「○○ハイ」「○○サワー」という名称の他社商品も続々と誕生し、居酒屋の定番メニューになっていきました。

懐かしの徳利袴付き
ハイサワーボトル

従業員総出で「飲み屋」行脚、
またたく間に評判が関東一円に

新商品が誕生したものの、当時の博水社には販路を開拓するための営業担当者はいませんでした。そこで考えたのは通常業務後の社員総出の営業。夕方になると、工場の工員や配達のドライバーにハイサワー1ケースと焼酎、そして飲み代を渡し、行きつけの飲み屋をまわって店のひとに味見をしてもらう地道な戦略を続けました。

まずは地元・目黒の半径1km圏内の店で「ハイサワーレモンはお酒をさらにすっきりと飲みやすくする」と評判を呼び、それが関東一円に広まって、自社工場では製造が間に合わないヒット商品となりました。

「わ・る・な・ら・ハイサワー♪」のCMで全国区に

ハイサワー発売から2年後、工場拡大を検討し始めていたとき、大手ビールメーカーの清涼飲料を受託製造している会社から「ハイサワーの製造を受託したい」との申し出があり、夢のような工場で製造できることになりました。その結果、1ℓ入りペットボトルなども製品化でき、販路がさらに拡大。芦川よしみさん出演のテレビCM「わ・る・な・ら・ハイサワー♪。お客さん、終点だよ」の覚えやすいメロディーとキャッチコピーが受け、ハイサワーは全国区の商品となったのです。

「わるならハイサワー♪」のCMに登場した女優の芦川よしみさん

Interview

「オトナの楽しい時間」を演出していきたいですね。

博水社三代目社長

田中秀子

子ども時代は工場があそび場

小さなころから、父の仕事場である工場に出入りして育ちました。いま、本社がある目黒本町です。昭和30年代のこのあたりは電球工場とか小さな町工場が並んでいて、近所の「平和通り商店街」には映画館が3軒もありました。この界隈で、生活に必要なすべてが賄えるという感じでしたね。

子どものころは、工場に並んでいるベルトコンベアの下をくぐって鬼ごっこをしたりして駆け回っていました。「ガラス瓶がわれていることがあるから、それだけは気をつけろよ」っていわれて、いつも長靴履いて（笑）。

当時製造していたラムネは季節性があって夏はとっても忙しいんです。稼げるときに稼いでおかないと冬が大変なので、よく夜なべをしていました。そういうとき、祖母がおにぎりと大きなアルミのお鍋に豚汁をつくって工場へ運ぶんです。いまだったら、工場の品質管理が厳しいのでおにぎりを持ち込むなんて論外ですけど（笑）。少ない人数で工場を回しているから、少しでも早く終わりたいとぱぱっと立ち食いしてね。当時、日本にたくさんあったラムネ工場はみんなそうだったと思います。

私ね、折り紙を水に浸して色水をつくっ

て混ぜてあそぶのが大好きで、会社の横で色水屋さんごっこをずっとしていたんです。きっと工場のおじさんたちが働くのを見様見真似でやっていたんでしょうね（笑）。

父から受け継いだこと

うちは大手メーカーさんのように商品開発専従のものがいないので、そういうことは通常業務が終わったあとの夜や休日にやるものと叩きこまれています（笑）。いっぱい試作をつくるから、やはり悩むんですよねえ。翌日には家族や社員総出で味見。最後は居酒屋さんにも試飲してもらって意見を聞くんです。それでも悩むと「最後にひとつこの世に出す味は自分がこれでいくと信じたもの。それが責任」と、父からはよくいわれました。

父自身も、この世に新商品を出すのなら、一番自分が納得のいくものをつくりたいという思いがいつもありました。ハイサワーのレモンも、最高級のレモン果汁をもとめてイタリアのシチリア島まで仕入れにいっています。30年以上も前の当時は、アンカレッジ経由でそれはそれは遠かったんですよ（笑）。

父は、「ハイサワーはお酒を割るもの。割り材はあくまで脇役だけど、お酒をとことん美味しくするんだ」という信念をもって、商品開発をしていました。割り材は黒子ですが、それなら最高の黒子でいたいという意識は、私のなかにもしっかり引き継いでいます。

父が季節に関係なく売れるものをと考えたのがハイサワー。お陰さまでいま一番売り上げが多いのは、忘年会のある12月なんです。困難な状況も、それを乗り越えようと考えつづければチャンスに変わる。それを父とハイサワーに教わっているような気がします。

現場の声を聞くのが大好き

会社の古い金庫のなかから父が30年前に断念したビアテイストのレシピが出てきて、いまなら原材料を調達できるかもしれないと、再チャレンジすることにしました。どのホップにするか、どうやったらふわふわの泡が消えずに美味しく飲めるか。父と私とでビーカーやピペットを手に、もう延々と試作をつづけました。さらに博水社らしい割り材をと考えたとき、やはりレモンが欲しいねってことになって、2006年に「ハイサワーハイッピー　レモンビアテイスト」ができたんです。4年の歳月が流れていました。これはカロリーオフ・プリ

ン体もゼロ。甘みもないし、おとなの炭酸飲料としてそのまま飲むかたも多い人気商品です。

私は現場が大好きで、居酒屋やバーのママさんたち、スーパーの売り子さんやイベントでのお客さまの声をよく聞きにいきます。いろいろ教わることが多くて、心底ありがたいなあと思いますね。スナックのママが「今夜はもう飲みたくないと思っても、お酒を飲まなきゃ商売にならないし…」と何気なく話してくれたり、居酒屋さんのオーナーが「常連さんが『苦手なトマトジュースの飲みかたないかなあ』って、いってたよ」と教えてくれたり。

それらはすべて、のちに新メニューへのヒントになります。ハイサワーレモンをお酒と割らずに、ダイコンおろしを入れて飲んだり、トマトジュースをハイッピーレモンビアテイストと割るメニューなどです。

ゆるいあそび心を忘れずに

いつも思うんですけど、ハイサワーはお米とか味噌、醤油のような人間が生きていくための必需品ではありません。だからこそ、ゆるいあそび心を忘れずにもって「ハイサワーで割ると美味しくなって楽しい」「みんなでわいわいやると場も楽しい」というような、コミュニケーションのツールでありたいですね。ちょっと大袈裟ですが、これからも博水社の社員みんなで「オトナの楽しい時間」の演出をしつづけていけたらなと思っています。

Profile

1960年東京生まれ。
山脇女子短期大学英文科卒業後、82年に博水社に入社。
東京農業大学食品醸造学科に入学し専門課程で勉強。
2008年4月三代目社長に就任。
著書に『そうだ、私は社長なんだ!!』(TBSサービス)。

商品情報

＊スーパー・コンビニなどの
酒販店、博水社オンラインショップで
ご購入いただけます。

＊アイコンのついた商品を
使ったレシピが
本文に掲載されています。

割り用炭酸飲料

ハイサワーレモン

酸味のきいたさっぱりとした口当たりで
一番人気。果汁10%

ハイサワーグレープフルーツ

果汁本来の酸味と苦味のバランスが
フルーティーで美味。果汁10%

ハイサワー青リンゴ

甘酸っぱい青リンゴはさっぱりした味で
女性に人気。果汁10%

ハイサワーうめ

芳醇な香りと梅のほのかな酸味が
フレッシュな味わい。果汁10%

ハイサワーライム

清涼感のあるすっきりとした味わい。
果汁10%未満

ダイエットレモン

100ccあたりわずか6kcal。カロリーが気になるかたにお薦め。果汁10%未満

(カロリーオフ)

ダイエットグレープフルーツ

100ccあたりわずか7kcal。ダイエット中はお酒と割らずこのままで。果汁10%未満

(カロリーオフ)

割り用ビアテイスト飲料

ホップ&レモン

ホップのほろにがさとレモンの酸味で仕上げたビアテイスト。果汁5%未満

(カロリーオフ　プリン体ゼロ)

ハイサワーハイッピーZERO ビアテイスト

ホップとレモンでさらに軽い仕上げ。このまま飲んでもすっきり美味しいおとなの炭酸飲料

(カロリーゼロ　糖質ゼロ　プリン体ゼロ アルコール0.00%)

ハイサワーハイッピー レモンビアテイスト

すっきりレモンと軽いホップの組み合わせ。このまま飲むのもお薦め。果汁3%

(カロリーオフ　プリン体ゼロ)

ハイサワーハイッピー ビアテイスト

ちょいにがホップとクリーミーな泡。ふわふわの泡が旨い！果汁1%

(カロリーオフ　プリン体ゼロ)

ノンアルコール ビアテイスト飲料

ハイホップ シャルドネビアテイスト

フルーツビアテイスト。厳選したヨーロッパ産シャルドネのみを搾った果汁を使用

（カロリーゼロ　糖質ゼロ　プリン体ゼロ アルコール0.00%）

ハイホップ レモンビアテイスト

フルーツビアテイスト。シチリア島の真んなかレモン果汁を使用

（カロリーゼロ　糖質ゼロ　プリン体ゼロ アルコール0.00%）

炭酸水

炭酸水

クリアな水と二酸化炭素（炭酸ガス）だけでつくったピュアな炭酸水

（カロリーゼロ　糖質ゼロ）

炭酸水レモンフレーバー

シチリア島産のレモンエッセンスをブレンド。そのまま飲んでも美味しい

（カロリーゼロ　糖質ゼロ）

濃縮タイプ わるならシリーズ

わるなら　赤しそ

しその爽やかな香りとまろやかな口当たり。国産赤しそ100%

わるなら　抹茶

抹茶のかぐわしい香りと味わいの豊かさが特徴。国産抹茶100%

濃縮原液
ぎゅうっとシリーズ

ぎゅうっと　レモン

お酒の水割りに入れたり、
炭酸で割ってジュースに。
果汁75%

ぎゅうっと　青リンゴ

焼酎やウイスキーのお湯割りに入れると
青リンゴハイに。果汁40%

ぎゅうっと　グレープフルーツ

甘みと苦味をバランスよく引き出した
芳醇な味わい。果汁30%

ぎゅうっと　うめ

水や炭酸で割ってジュースに。
お菓子づくりや料理にも。果汁25%

ぎゅうっと　ライム

ライム特有の爽やかな香りが
すっきりとした味わい。果汁20%

博水社
オンラインショップ
http://hakusuisha.shop10.makeshop.jp/

おわりに

じつは、8月3日はハイサワーの日。それにちなんで選んだ83の炭酸レシピ。

ちょっと素敵なグラスで自分だけのために1杯。また楽しい仲間と集まって、ワイワイ新しい割りかたにチャレンジ。ときにはデザートやお料理レシピをお友だちに自慢したり……。

そんな風にいつでもどこでも、そして気軽にしゅわしゅわ〜と爽やかにハイサワーレシピを楽しんでいただけたら嬉しいです。

「オトナ楽しいレシピ」の大好きな
博水社、社員一同より

博水社
HAKUSUI

株式会社 博水社
〒152-0002 東京都目黒区目黒本町6丁目2番2号
TEL◎03-3712-4163
営業時間◎9：00〜17：00
定休日◎土・日曜、祝日
http://www.hakusui-sha.co.jp/

わ・る・な・ら

INDEX

ノンアルコール

Drink

Food

ノンアルコール

アルコール

Drink

Food

デザイン　大久保裕文
河野章太
(Better Days)
撮影　鈴木俊介
取材・文　藤井恵子
協力　澤本壮史
福本昂起

ハイサワー®
炭酸レシピ83

2013年8月17日　第1版第1刷　発行

監修　株式会社 博水社
発行所　株式会社 亜紀書房
〒101-0051
東京都千代田区神田神保町1-32
電話 03(5280)0261
http://www.akishobo.com
振替 00100-9-144037
印刷所　株式会社トライ
http://www.try-sky.com

ISBN978-4-7505-1320-1